# 策马千山

曹卫东　著

長江出版傳媒 | 长江文艺出版社

**图书在版编目（CIP）数据**

策马千山 / 曹卫东著. -- 武汉 ：长江文艺出版社，
2025. 6. -- ISBN 978-7-5702-3974-0

Ⅰ. I227

中国国家版本馆 CIP 数据核字第 2025KU5779 号

策马千山

CE MA QIAN SHAN

---

责任编辑：胡　璇　　　　责任校对：程华清

封面设计：源画设计　　　　责任印制：邱　莉　王光兴

---

出版：长江出版传媒 | 长江文艺出版社

地址：武汉市雄楚大街 268 号　　　　邮编：430070

发行：长江文艺出版社

http://www.cjlap.com

印刷：湖北新华印务有限公司

---

开本：880 毫米×1230 毫米　1/32　　　　印张：7.125

版次：2025 年 6 月第 1 版　　　　2025 年 6 月第 1 次印刷

行数：5172 行

---

定价：58.00 元

---

曹卫东，现居上海。浙江省作家协会会员，中国诗歌学会、中华诗词学会会员。诗歌散文见《上海文学》《延河》《鸭绿江》《江南诗》《绿风》《中国文艺家》《光明少年》《世纪》《党史纵横》《档案春秋》《大江南北》《文史杂志》《华夏》《知音》等刊物。曾获“诗在中原　歌咏中华”第七届中国诗歌节优秀作品奖（首奖）、首届国际“金青藤”短诗歌大赛优秀奖、首届澳门国际文学奖最佳诗歌提名奖等。

# 怀乡游子、家国天下以及历史空间呈现

——序曹卫东《策马千山》

杨斌华

恍惚里，那个寻梦的少年
正手捧月饼
从千山万水策马归来

暗香袭来，抖落一地相思
从此，故乡只在
我的笔下，我的梦中

——《我从千山万水策马归来》

我与诗人曹卫东素未谋面，就我粗浅的阅读感受而言，他仿若一位“归来的游子”“肩负的行囊沉重了/涌动的乡愁”“寻找光阴的缝隙/独自一人感受这夜空的寂寥/任思绪流淌/穿过灯火阑珊的角落”“览遍春色，阅尽铅华/记忆，在一颗流星飞逝的瞬间/鲜活”。他的首部诗集《策马千山》各辑分别以“一碗人间烟火”“归来仍旧少年”“策马千山万水”“惯看秋月春花”“云中谁寄锦书”“此情家国天下”挈领命名，咏怀世情，流布乡愁，语势意态婉转低回，简约丰醇，浓艳抒写了自我的人生感喟、行旅情思、家国眷念和爱恋幽梦。诗人在诗意的寻梦旅程上“千百次地守望”，而“心路的小溪却更绵长”。他意欲探求的是在“那暮归的笛声”中“记忆里最美的风景”，是涉猎时间、历史和文化审美的自然样貌。其实，他更愿意不倦地追寻“一行多姿的白鹭直上云霄/向着更远的远方/恣意翱翔”。

“愿你阅尽千帆，归来仍是少年。”（语自冯唐《冯唐诗百首》）它展现的是诗人对于人生和世界的深刻洞察，对即使经历了时间的洗练和生活的磨砺，个人仍旧能够保持赤子之心的一种赞美，同时强调了内心保持清净、纯真和无畏的重要性。“此心安处是吾乡”则更显现了一种苦尽甘来的人生欢喜，一种泰然自若、身心两安的精神仪态。而曹卫东在诗集里就这样写道：“独在异乡的风中/任一杯烈酒，蘸满乡愁”“在旋转的时光陀螺上”“重构一颗年轻的心”。在《策马千山》的语言制图中，正是如此这般充满着一种迷离、暗长的乡愁，挥之不去。然后，“此刻，我终于/和心中的另一个我/达成和解”。

在诗歌的语词世界里，所谓怀乡恰似一条深邃而温柔的河流，它静静地流淌在每一个携有岁月惆怅和伤痕的游子心间。现代诗歌中的怀乡，不再是简单化的景物描状或情感抒发，而是融入了更多的个人体验与情感底色，呈现出一种更为斑斓驳杂的语言面相。其中，怀乡可能是对故乡一草一木的细腻回忆，也可能是对童年玩伴的深切怀念；它可以是夜色阑珊心灵孤寂时的一声轻叹，也可以是梦中归家路上的匆促脚步。现代诗人正是以其独特的查看视角和敏锐的感悟力，将这份复杂难言的情感磨砺打造成一首首动人的诗篇。在这些岁月诗章中，我们可以审看到诗人对故乡的深情凝视，它们用精练文字勾勒出一幅幅生动的画面，让读者仿佛置身于那片既谙熟而又觉得遥远陌生的土地。同时，怀乡主题的诗歌往往还暗隐着诗人内心的困惑、矛盾与挣扎——他们渴望回归故乡的怀抱，却又无法割舍对现代生活的依恋与追求。现代诗歌中对于怀乡主题的持续书写，无疑是诗人跨越时空对于一种永恒文化精神的共情、共振和共融。它使我们在喧嚣的都市生活中寻求到心灵的慰藉，也让我们在异地异乡的漂泊感中体会到家园般的温暖，烛照着我们前行的道路。在曹卫东的《策马千山》里，怀乡感始终是隐伏在他诗行间的一种情感符号，并进而演化为一种内心的丈量，抑或就像他的诗中写到的，“总有一些事物不能言说/门环上的斑斑锈迹/不经意间/把我的心悄悄硌疼”。

“凌寒而上/一群先行者向死而生/在起伏的山峦间奋勇攀登”“一粒种子心怀春天，注定了星火燎原/……/你看，大渡河上那铁索的寒光/融进了东方的朝阳”。

在《策马千山》的部分诗作里，显然包含着对于革命先行者和历史上的英雄先贤的一种礼敬与景仰之情。在现代诗的广阔天地里，这种敬仰的情结元素如同璀璨星辰，穿越时空的界域，熠熠生辉。它不仅是对英勇行为的颂扬，更是对人性光辉与不屈不挠斗争精神的深刻揭橥。在诗歌史上，英雄先贤往往被赋予了超越常人的勇气与智慧，他们面对困境与挑战，不退缩、不畏惧，以一己之力或集体之智，书写着壮烈的传奇与生命的辉煌。这种情结元素，不仅仅是对力量与胜利的期冀，更是对内在信念与忠诚的坚守，是对生命意义与价值的不懈追寻。

同时，它又时常与孤独、牺牲、救赎等主题交织在一起。

他们在追求理想的过程中，必然要面对重重困难与挑战，甚至要承受孤独的痛楚与牺牲的代价。但正是这些经历，使他们的形象更加丰满、立体，也令其英勇行为更加具有震撼人心的力量。再者，现代诗也通过对此类主题的切入和描绘，助力了对于历史文化的反思与重构。现代诗经由独特新异的艺术构造，揭示和暗喻了人物世相背后的复杂性与真实性。曹卫东《沉重的翅膀》一诗中就曾写道："待到山雨袭来/那一刻，才幡然醒悟/用物欲和贪婪撑起的天空/灵魂该在何处安放。"当然，对于曹卫东而言，这部分诗作的运思还显得过于薄弱，语言表达略显平淡。

"我把一串串脚印/遗落在了苍茫雪地/如同一枚枚的异形印章/深深浅浅/向着神往的春天/延伸"（《我在风中掂量生命的质量》），" 千年的等待/只为与你此刻的相见/祥云之上，卢舍那大佛/那抹定格在时空的微笑，唤醒了/一些沉睡的灵魂"（《龙门石窟》）。

在曹卫东的《策马千山》里，还有许多属于行吟类诗作，它们力图表现出一些圆融今古的生活感悟和情思。言谈及此，我们仿佛能够听见时间的低语，正穿越岁月的风霜与那些跳跃在纸页间的文字共鸣。它们是自由洒脱的灵魂，在行吟间游走于现实与梦幻的边缘，不拘一格，勇于变法。它们是诗人心灵的独自叙述，也是与生活世界的对话。它们更显示为一种生活态度，是对生命、自然和文化历史深邃细腻的描摹、感悟和思省。

诗人以笔为舟，以心为帆，在语词的疆界里穿行遨游。它们可能温柔如水，轻轻拂过心田；也可能激昂澎湃，震撼着聆听者的心房，让彼此的心灵得以相通、情感得以共鸣。我们或许由此可以切实感受那份来自灵魂深处的震颤与悸动，让心灵在诗意的山海之上自由翩跹，与那些伟大先行者的灵魂相遇、相知、相融。应该说，《策马千山》只是就此做出了某种粗浅的探索和努力，而尚未成就一种具有自我辨识度的诗学标格。

“风吹草动/清贫不失报国之志/江山梦影/醉卧青山仍思尽忠”（《铁马冰河杨万里》），“北向而行。站在山海雄关之上/看晚霞丝绸般地铺满记忆的天空/目之所及，是悲与壮/血与火淬炼而成的万里之城”（《长城，屹立在炊烟四起的黎明》）。

“家国天下，君子不器。”在我看来，作为诗人的曹卫东及其《策马千山》无疑更满溢着一种真切的家国情怀。这些直抒胸臆的诗作似乎过于标签化，作为诗人语象营造的标识度，也还有待进一步提升。在探讨现代诗中的家国情怀时，我们仿佛踏入了一片情感的沃野，那里既有对故土家园的深深眷恋，也有对家国天下的深挚关怀。现代诗人常常以其独有的锐敏笔触，将这份宏大广远的情感融入字里行间，让人们在品味诗歌的同时，亦能感受到深沉的责任与使命。家国情怀，是现代诗中不可或缺的主题之一。它不仅仅是对家园本土的思念与眷恋，更是对国家、对民族的认同与挚爱。家国情怀还常常表现为对历史的追溯与反思。诗人通过对过往岁月的回瞻，展现出一个国家、一个民族所经历的沧桑与辉煌。他们以一种广阔而悲悯的情怀，审视着那些被时间尘封着的记忆与梦想，让人们在感慨历史命运浮沉的同时，愈加珍视当下的生活。

同时，家国情怀也自然蕴含着对未来的憧憬与期许。诗人以笔为剑、以梦为马，勇毅探寻国家与民族的未来之路向。在诗歌的韵律与节奏中，家国情怀如同一口清泉，滋润着每一个读者的心田。它让我们在繁杂喧闹的生活中，找寻到一片宁静的港湾；也让我们在迷茫与彷徨的时刻，更加执持一种坚韧的信念。正像曹卫东有首诗所写，“守护家国已成一种习惯/它的字典里从无伤痛二字/有的只是万里长歌/今夜，当与苍茫远山一起入画/用一个诗人的笔触/升腾起黎明的炊烟，勾勒家的方向”。或许，他早已竭尽心力，将语词的勾画变成自身的心理习惯，在清醒和怅惘的交替中不甘于忘弃自我的找寻。

本来，文学就应着力于关注人以及人性、历史、命运，《策马千山》某种程度上同样也是作者对于历史与自我予以反向探究的结果，在既往与人性的多元塑造中实现一种当下的精神呼唤，为现实生活提供不竭的情感动能。对一部文学作品来说，假使它能够再现宏大的历史场景与民族存亡荣辱浮沉的悲喜命运，加之渗透进作者的关切追摹、淬炼加工以及旁人不可投入的生命感悟，便已然可谓一种成功的书写，成为作者顽强经验记忆与精神寄寓的投射体和集成体。这些显然都证明关乎历史与现实的文学叙事本身是作家文化想象经验的虚拟架构，是一种将真实的现实历史他者化的审美性营造，依然具有绵延不息的生命力。

在中西诗歌中，感怀历史兴衰、吟咏时世流变的作品浩如烟海、纷繁多样。然而，在历史的框架和视野下所咏叹、抒发的情意和情怀，都理应是一种文学性的叙事，一种充满生命质感的诗性的叙事。诗人从自身最为切要的感受出发，来讲述生活和历史，讲述个体的经历、体验和启悟，并赋予作品以哲思的意味和诗学的肌理。因而，这种讲述也构成诗人生活中不可剥离之物，融入其生命情性磨砺的全过程中。这种叙事正是诗人对于自身所关切的问题的解答，一如海登·怀特所言："如何将了解的东西转换成可讲述的东西，如何将人类经验塑造成能被一般人类、而非特定文化的意义结构吸取的形式。"对诗人的写作来说，这样一种自我变异、自我转圜尤为迫切和紧要。

诗歌的书写是一种精神活动，诗人的讲述本身更亟须一种普遍性和共通性。这将使得"文学文本的验证不再是狭隘的、参照性的，而是主体间性的，超越了国界和时间，将读者和读者黏合在一起"（茨维坦·托罗多夫语）。由此而言，对于描画历史空间下人物世相的抒情诗写作来说，它如何锻造讲述方式、淬炼语言能力、突破其形制本身的限制和拘囿、从个性化走向普遍性，无疑历来就是一种艰难且具有复合性的精神熬炼。只有个人的激情和经验的流露，还不能算是诗，只有当它们产生普遍性时，才能真正称得上是艺术（阿尔道诺语）。这样一种诗歌书写中历史空间的呈现过程，显然需要一种言说主体自我人格化的撑持，同时，还期待着它能够穿越重重时间雾障，指认出一种历史的未来性、一种文化的回环感。它足以将过去、现实和未来交融到一个深远阔大的时空架构中，用以扩展历史空间延展接续的纵深度和宽广度，使之在时间的流动和世相的聚合中生生不息。正像巴赫金所说的："时间的标志要展现在空间里，而空间则要通过时间来理解和衡量。"历史空间的呈现绝非抽象的概念复制，它既是一种可以散落在精美诗行中的内心图景，也是一种伸手可以把触的地理图标，相映生辉、异彩纷呈，进而深深镌刻在人们的情感记忆里。

"原野寂寥/时光暗淡，脱落//一只鸟，正在/隐秘的角落沉睡，或者/为下一次腾飞/养精蓄锐//冷风吹过/那些匍匐在地的/干枯的野草/正在等一粒野火/燎原，完成/最美的舞蹈”（《野火 1921》）。

“游子怀乡兮，莫知西东。莫知西东兮，维天则同。异域殊方兮，环海之中。达观随寓兮，奚必予宫？魂兮魂兮，无悲以恫。”（王阳明《瘗旅文》）而曹卫东的诗中也曾写过，“一盏茶，一杯酒，一支笔/还有流淌自笔尖的一首首诗/此时，不写红尘的纷扰/不写寻常的巷陌/只借此间的一抹抹青绿/铺就十方山河”。他这样一位策马千山万水，试图从语言异乡踟蹰归来的怀乡游子，真诚渴望把捉住家园四处那散逸了的灵魂。此刻，“那颗疲惫的心/已踏上了千里外的村头”，在文学与生活的错动交缠里，他“走出梦中/总有一条路从远方而来/又向远方而去”。他深情地写下这样的诗句，“年年岁岁，冬去春回/因为挚爱，我用脚步/对这片土地一次次地丈量”。因为《策马千山》，我们由衷地祝福和期许曹卫东人生和文学的当下与未来。并且，我们已然看见，诗人那蓬勃跃动的心灵，恣意飞扬的情怀，好似正——“呼之欲出/此刻，心在驿动/我的双眸中/天空开始辽阔”（曹卫东《元日》）。

2024 年 10 月 4 日

杨斌华，上海市作协研究室主任、《上海作家》主编、文学评论家。

# 目 录

## 第一辑 一碗人间烟火

## 第二辑 归来仍旧少年

## 第三辑 策马千山万水

## 第六辑　此情家国天下

## 第一辑

# 一碗人间烟火

日头，从东向西倾斜。走街的小贩消失在村口的暮色之中。当炊烟逸向树梢，那暮归的笛声，又一次在我的梦里响起。

# 拾荒的老人

清风徐徐，一位
拾荒的老人，开始
在小区的长椅上小憩

消瘦的脸上
一道道皱纹，正在
斜阳里加深

落叶纷纷
寒气袭人

在冷风的吹拂中
在行人的侧目中
他也会淡定地
仰望星空

然后点燃纸烟
目送着一个个烟圈儿，轻轻地
在时光里扩散

# 在东去的沪宁高铁上

二十余年的时光
仿佛总是在沪宁之间
一次次飘荡

在风驰电掣的复兴号上
纤云掠过东去列车的窗口
风霜开始涂满远方

高度，速度，距离
总是让我们攀登，追赶

沧海桑田
红尘一次次遮住双眼
唯有秦淮苏州二河依然
变幻着新的春天

# 绿色的邮筒

白昼的喧嚣在暮色里
渐次后退
一只绿色邮筒
伫立在清冷的街角
于风中顾影自怜

偶有经过的路人
投来匆匆一瞥，落寞间
它前世的三千浮华
终成时代的印记
独留一段段不可言说的记忆
在那抹绿色里
渐渐清晰

# 江南早春

料峭的春寒，和
拂面的暖风交替着
在交替中，春天精灵般地
潜入了我们的身旁
杂乱的枯草中
斑驳的残枝上
还有萧瑟的旷野里
悄然绽放出点点新绿
数条小鱼
划破了河面
沉寂了一冬的水面
泛起丝丝涟漪
从此，春雨大胆调色
用一支五彩画笔
斑斓岁月

# 二月速写

二月的暖风
与料峭春寒较量着
忽而风寒如刀，忽而暖风拂面
可这时进时退的寒潮
怎敌万物对复苏的殷殷期盼

春风是此间唯一的贵客
脚步所及之处
老树吐绿，山花含笑
那些鸟雀早已按捺不住喜悦
竞相跳跃枝头

天空敞开了怀抱
以蔚蓝的笔触点亮山河
那隐匿了一冬踪影的溪流
开始丰盈、澄净，直把温柔
滴入你我的双眸

# 无限春意画江南

江南，在乍雨乍晴里
打开了一幅春天的画卷

桃花绯红了姑娘的脸
油菜花用大手笔的金黄
装点着江山
临水而居的柳树以千万枝绿丝
打着节拍配合着柔波
把无限春意
荡漾在每一个行人的心间

或许，这样的画面还过于宁静
鸭和鹅，三五成群
摇摆向河滩，列队水面
演绎水上芭蕾
各种不知名的小鸟
早早地占据了制高点
奏响了春的乐章

# 元　日

告别昨日的阴霾
爆竹此起彼伏声里
一元复始

春风的脚步如此殷勤
把温暖捎向人间
还是举起一杯杯屠苏酒
快意杯盏，欢庆
这新年的到来

东升的红日慷慨地
把春光洒向千家万户
揭去褪色的旧联
一副副新的春联用红润
与人面辉映

那遒劲的联句宛若游龙
呼之欲出
此刻，心在驿动
我的双眸中
天空开始辽阔

# 梅　花

看惯了人间冷暖
一树冬梅，傲立墙角
于僻静处高举银白
迎着寒风
把冰清玉骨
落满枝头
我知道
那不是天降的一场大雪
因为，她
只在自己的季节里
用阵阵清香
悄然吐露，今生
最美的芳华

# 农耕是记忆里最美的风景

苍茫远山之外
是成片如鉴的水田
一头水牛
牵着手扶木犁的老农
俯首向前

水天相接处
一半白亮，一半蔚蓝
水田的中央
几只白鹭正闲庭信步
时而低啄，时而抬头

布谷鸟的啼叫声
空灵、幽远
循声远望——
却见掩映在幽深山坳里
那棋子般的村落

日头，从东向西倾斜
走街的小贩
消失在村口的暮色之中
当炊烟逸向树梢

那暮归的笛声
又一次在我的梦里响起

# 江山美人

微雨斜阳的午后，他独自
坐在幽草丛生的田埂
嘴上叼着一支长长的旱烟
猛吸几口，旱烟管嗞嗞作响
此刻的他踌躇满志
江山美人，谁说只有帝王才有
眼前辽阔的田野
不正是他的万里江山
小麦葱茏，就是他的美人
随着掠过的清风
她们腾起麦浪
接受来自他的检阅
年复一年
他古铜色的脸，种满了
一道道的皱纹

# 搬运汗水的人

一张黝黑略带质朴的脸
一头扎进了都市的繁华

在这个霓虹闪烁的夜晚
一辆三轮板车
是他在这个城市的全部家当

他用职业的眼光
称量着废弃的纸板箱、易拉罐、可乐瓶
还有旧书。别人眼中的敝帚
是他刨食的珍宝

这么多年，在异乡的土地
不分昼夜，搬运汗水
把四个儿女一一送进了象牙之塔

无须打探他的年龄
那无日不在流淌的汗水诠释着
什么才是生活的壮汉

# 归乡的游子

一阵阵嘶鸣的汽笛声
在朔风里划过胸口

肩负的行囊沉重了
涌动的乡愁

多少次在记忆里
把泛黄的票根紧攥在手

而母亲渐多的白发
模糊了我也曾坚毅的双眸

恍惚里，窗外掠过的纤云
牵动我的思绪，并远远抛向身后

此刻那颗疲惫的心
已踏上了千里外的村头

# 记忆深处的师者

白色的粉笔灰
瑞雪般纷扬在课堂
这里是播撒希望的田野
滴滴汗水茁壮了桃李
芬芳了河山

那个耕耘在沃土的园丁
在时光中渐老
飞雪年年
染白了两鬓
岁月无声
沧桑了面容

当出征的号角响起
我却在往事中
寻觅他也曾年轻的背影
一张张老照片
把他的伟岸定格

学海总是无涯，那个
载着我们从此岸出发的摆渡人
还在旧日的渡口眺望

记忆深处，时光的钟摆依旧

踽踽独行

# 我在雨里，你在檐下

都说山有穷处
水有尽头。或许
这世间有着太多的必然
却极少偶然

我在雨里，你在檐下

于是，我常常搜寻
看雄鹰的翅膀纵横在蔚蓝
你却陶醉
燕雀的身影舞动在夕阳

是被颓废包裹在围城
还是在长夜寻找那盏油灯

你犹在梦里纠结
我的脚步已迈进黎明

走出梦中
总有一条路从远方而来
又向远方而去

# 芳 华

恍如注定，他在族谱寻根里
接过了五味调和的衣钵

汗水挥洒
扎根竹海
借一声惊雷
叩开春的大门

一枝枝小笋
把翠绿撑满了长空

从山间到舌尖
一条美味传递之旅
这雨后的精灵
富了一方百姓

青山不语，芳华无声
只有身后升腾的袅袅炊烟
默默做着注解

## 远去的韶华

独坐茶坊，心
沦陷在这个暮春里

晶莹的雨帘
垂钓着往事
咖啡，和茉莉花的幽香
浸润着思念，和
惆怅

那一年，承欢膝下
在家祖、亲慈的身旁
幸福的时光荡漾

风花雪月，我
牵手佳人，在水之湄
雄心万丈
在商海里锻造金戈铁马

岁月无声
泛黄了昨日的轻狂
青春无悔
沾染着尘世的沧桑

挥手浮华

笑谈辉煌与悲壮

掬一捧清雨

酿得一河心香

# 甘甜，晨风中泛滥

一枚枚青春之果
不负河水的滋养
在秋风中浅碧深红
千万翠绿里，随风出没
青如碧玉，红似灯笼

一张张泛红的脸
在晨露里，更显娇羞
远远地，对视良久
方绽放笑靥
随着穿林而过的阳光
一起抛来媚眼

沉醉在林中
此刻，已不辨青红
那些旧日的相思
和所有关于甘甜的记忆
却在晨风里
一一泛滥

## 最璀璨的霓虹

霓虹闪烁在浦江两岸
点亮了东方明珠

九十多个日夜
病毒肆虐着人间烟火

这个没有硝烟的战场上
一个个白衣天使
一位位无名战士
用热血书写英雄无名
用小爱堆出人间大爱
无私无畏里
他们挺起了一座城市的脊梁

多少个不眠之夜
为你我的甘甜
和这方热土的祥和
他们用无声的守护
换来岁月静好
以挥洒的汗滴
晶莹了万家灯火

站在外白渡桥的钢铁之上
众里寻他，寻找他们
不眠的身影

远处，外滩的钟声敲响
一支萨克斯管
奏响了一曲《我和我的祖国》

永延安澜
在回荡的钟声
和萨克斯曲的交织声里
我看到了不夜之城
最璀璨的霓虹

# 诗书里的欧阳

打从鉴湖的烟雨中走过
又见春雨断桥。一路山灵水韵
道不尽的风情，说不完的情思
遥想千年前一个别样的春天
于山阴道上邂逅欧阳二家

一帖《九成宫醴泉铭》
写尽了会稽青山的厚重
欧阳询灵秀的笔墨，由此冠绝全唐
一曲《蝶恋花·庭院深深深几许》
绘尽了鉴湖绿水的轻柔
欧阳修文章政事，独步大宋
两千五百年的风雨洗尽铅华

夏禹的苗裔，千年的欧阳
已越过千秋史海，处处繁华
以千古才情醉美了华夏
用不朽诗书添得人间几许清欢
在袅袅茶香里，遥想当年
名动天下的欧阳在诗书情怀里
如何龙游天下，润泽四方

# 父爱如山

当你是个呱呱坠地的婴儿之时
那个已在心中窃喜了千百遍的人
一定是父亲。从此你便成了
父亲生命的延续
更是父亲一生的希望所在
因为你的来到，父亲的岁月
变得愈加地从容

都说儿行千里母担忧
当你肩负行囊远行求学时
母亲会念叨零食的丰富和衣服的单薄
而父亲的眼里，却是
远行带给你生活的历练
还有风雨后的彩虹

父爱无声，但一直都在
你成长的道路上传来的每一个捷报
他都会暗暗为之欣喜。
在你经历人生酸甜苦辣的每一个瞬间
他始终在背后默默地为你
撑起一片晴朗的天空

父爱如山，他用厚实的肩膀
挑起了整个家庭的重担
无论风吹雨打，对于家他总是
那个最坚实的守护者
多年后，你初为人父时才顿悟
这世间还有一种爱比山还重

谁言寸草心，报得三春晖
父爱朴实却不求回报
只一壶浊酒、一杯清茶足慰平生
此刻，望着父亲渐多的白发
和老去的背影，唯愿
时光不再匆匆

第二辑

# 归来仍旧少年

恍惚里，那个寻梦的少年正手捧月饼从千山万水策马归来。暗香袭来，抖落一地相思。从此，故乡只在我的笔下，我的梦中。

# 故乡的黄昏

多年之后，我成了
醉在故乡暮色里的
归人

苍山已远
秋虫呢喃
一缕缕炊烟
正在我的凝望中
飘散

我确信，今夜
定会邂逅几个陌生的孩子，和
久违的亲人
在不断脱落的光阴中，我已
找不到旧日的家门

# 月夜怀远

君从故乡来
带来了乡音、小菜

在异乡
我常常在熟悉的笛声里
落泪，发呆

此刻，我想把一根长绳
攥在手里，把今夜的月亮
当作最美的风筝
放飞在故乡的天空

# 童年，我在故乡播下了一粒种子

我曾在故乡的廊前檐下
播下了一颗种子
我知道，这弥足珍贵里
书写着我的童年

长大后的我，暂别了故土
我用相思把它
时时浇灌，期冀着
于梦里千百次地芬芳

后来啊，它在我的归途
一次次地茁壮
对着一张张泛黄的票根
我为它命名：乡愁

而今，怀着一种崇敬、虔诚
翻阅那尘封的家谱
蓦然回首，它已先于我的笔下
华盖参天

# 记忆，在流星飞逝的瞬间鲜活

凝神托腮，对着夜的凉薄
报以声声叹息和苦笑

八千里外，那事、那人
只今何处
还有那人间烟火

寻找光阴的缝隙
独自一人感受这夜空的寂寥
任思绪流淌
穿过灯火阑珊的角落

所有的财富、功名
还有满目浮华
怎敌那时光深处的温暖

览遍春色，阅尽铅华
记忆，在一颗流星飞逝的瞬间
鲜活

# 我从千山万水策马归来

中庭，夜色开始温婉
透过婆娑的树影
痴痴地，看月华如练

三十余年的时光
一一流淌在心田，只是
思念已成一种习惯

举杯邀月，桂树枝头
那轮圆月依稀
高悬在旧日的时光

往事，浸润在
去年的桂花陈酿，悄然
发酵、滋长

恍惚里，那个寻梦的少年
正手捧月饼
从千山万水策马归来

暗香袭来，抖落一地相思
从此，故乡只在
我的笔下，我的梦中

# 静夜无声

夜的帷幕张开
盖住了乡村往日的喧嚣
夕阳挥手作别
这停电的夜晚
复归于沉寂
借助微弱的星光
树影开始斑驳
鸟虫似是去了另一个纬度
识趣的土狗也匿了踪迹
独留清霜横卧在旷野
今夜无月，老屋清冷
昏暗的油灯下
一杯浓茶里
总有一些事物不能言说
门环上的斑斑锈迹
不经意间
把我的心悄悄硌疼

# 思念在月夜再一次地集结

时光渐老，乡愁渐远
这些年，我豢养的万千思念
总于清浅处相随
偶尔走散，它也会
一次次地集结
选择一年里最圆的这个月夜
如约而至。我忘了
偌大的乡村已盛不下
它日益疯长的身躯
桂花的暗香是这个季节里
最好的催化剂
即便是美酒的醇厚
在它面前也只能一触即溃
思念，如此执着地
一次次地升华
如同一个忠贞的仆从
在我的纬度
如影随形

## 清明丝语

雨，信守着诺言
如期而至。思念扎就的篱笆
在这个季节瞬间崩塌

天空一改往日的明艳
执起忧郁的画笔
在大片的油菜花海渲染暗淡

雨，细密如麻
撑一把黑色的伞默立墓前。此刻
桃花带泪，柳树含烟

杂草没过了膝盖
在风中凌乱的不只青烟
还有一颗心，已孤独多年

# 今宵月正圆

开年里第一轮圆月，如约
高悬在故乡的枝头

今夜的天空
注定被彩灯、烟花和喜庆攻陷
灌溉你我心田的将是
美酒、浓情和欢歌

这如玉般圆润的汤圆
横卧在瓷碗
横卧在你我的江山

举杯共饮吧
在一杯记忆中的桂花陈酿里
把围桌而坐的一张张笑脸，和
这轮圆月锁在心头
今宵之后，再写乡愁

# 圆月里的乡愁

清辉中的圆月
无数次装点着团聚人的轩窗
滋长着异乡人的思念

月光下，清风、秋水、闲云
一次次地渲染着
我模糊的泪眼

通往故乡的路总是迷离
零乱的行囊，母亲的叮咛
和暗长的乡愁
萦绕在似醒非醒的梦里

沉甸甸的脚步挪不进
那枚小小的车票
独在异乡的风中
任一杯烈酒，蘸满乡愁

# 在狼山之巅看山河故里

三十余年的时光，曾七上狼山
初登狼山我还是一个翩翩少年
拾级而上，只为一睹长江的雄壮

多年后，于支云塔凭栏望远
在绿色的版图，在城市的高度里
对着友人，我动情地解读
这方热土所历的沧桑

如今，站在狼山之巅
俯瞰我身下的山河故里
已沉醉于江海明珠的花香鸟语
不觉两鬓已爬满繁霜

年年岁岁，冬去春回
因为挚爱，我用脚步
对这片土地一次次地丈量

# 月满荷塘

一朵玉莲
在轻柔的夜风中摇曳
烦躁的蛙声里
乡愁随着圆月漫过了山冈

月华一泻千里
掩不住我无尽的思念
那圆润的玉盘，总是装点着
别人的梦乡

蛙声一阵高过一阵
今夜无眠
儿时星星点点的记忆
涨满了今夜的荷塘

# 小酒一瓶慰羁旅

一次次地羁旅天涯
坐在南下北上的列车上
看纤云掠过窗口

无边的落寞和乡愁
穿过时光的缝隙
一一袭上心头

在故乡，一棵老槐树下
白发苍苍的祖母
一遍遍默念着我的乳名

千里之外，风声雨声隔着车窗
与我绝缘。我背着身
拭去盈眶的泪水

打开行囊，摸出一瓶小酒
抿上几口。相似的场景将我的目光
定格在清冽的琼浆
此刻，我终于
和心中的另一个我
达成和解

## 方寸天地

打开地图
我惊叹，天地辽阔
母亲，竟然用双脚
跋涉了半个中国

而今，穹庐之下
我已寻不到母亲的身影
荒芜的大地上
只剩下破碎的风声

又是清明
我在那方寸天地
焚香，跪拜

此刻，先于悲伤抵达的
是野花的芳香
我知道母亲爱美
更怕我泪流，所以
我尽力微笑
在阳光下，轻轻地擦拭着
墓碑

# 不落的桅杆

父亲，走得匆忙
没能等来古稀
甚至没能等来我们最后的一面
只带着一生的辛劳
去了远方

我无法感知，那一刻
他曾有着怎样的落寞和遗憾
为了生计，他奔波各地
任岁月在脸颊、两鬓
涂满风霜

祖父的晚年，父亲
一次次地往来于沪通之间
亲奉汤药。他俯下身子时
那微驼的背，多年后
竟成了我眼里最美的背影

自别后，我不再
是那个一身荣光的宠儿
独留他的背影
在我的航线上
竖起不落的桅杆

# 何时可抵故乡的黄昏

漫天的黄叶中，我
在异乡的野径
独自逡巡
远方，望不到尽头
心却在默念
何日可抵旧时的黄昏

身子微微颤抖
不胜这萧瑟的西风
落日余晖里，痴痴地
目送着南归的大雁
在天际，在诗中
飞成一音符

# 紫藤花开

炊烟轻舞，乡愁经年
总有一片童年时的浮石
在记忆中荡起涟漪

河边的老槐树下
是谁植下一株紫藤？从此
遍生无尽的缠绵

岁月是一把钝刀
在藤蔓上
刻下了斑驳的伤痕

往事久违
那从梦中出走的一道道紫色浅墨
在蔚蓝的天幕中
几度温存

这个季节，春风沉醉
重回故乡的我
看一棵紫藤一边编织紫色梦境
一边痴痴地等着故人

## 年味，在时光中老去

或是身在钢筋水泥的丛林太久
当两鬓的繁霜渐起
已然忘了故土的芬芳

走出围城，再度踏上归途
故乡已是锈迹斑斑
唯有爆竹的鸣唱，和红色春联
替我重温着旧日时光

米酒酿成的日子
酒香透过棉被的包裹
流淌在老屋的每个角落
一双双小手争抢着
只为在刚出笼的馒头上
盖上红色的印章

一声声熟悉的乡音
混杂着盈盈笑语
还有呼唤着的乳名
萦绕在耳旁
又是一年除夕
心，在默默哭泣

爆竹声声里，那书写春联
和奔忙年事的身影
只今何方

心被放逐，年味
却在时光中一年年老去
一杯杯浊酒里
尘封的记忆，兀自向着
那缕炊烟升起的方向

## 人到中年

人到中年
我开始追赶时间

那些打着呼哨
下河摸鱼、捕捉知了的日子
在流光中绝尘而去

从未驻足在心田的花开花落
忽在某个春日
某个清晨，跃然眼前

对着一张张泛黄的相片
捡拾过往。不知何时
与父母一般的白发和皱纹
爬满了我的鬓角、额头

记忆的闸门一经打开
心便零乱成麻

可单向的旅程哪容沉沦
重构一颗年轻的心
在旋转的时光陀螺上
描摹一场旷古绝今的邂逅

## 雨，落在大江之上

多年后，在长江汽车轮渡上
我的目光
聚焦在大江左右

三十余年的双向奔赴
一头，身之所在
一头，心之所向

从膝前尽孝，到清明祭扫
悲欢离合里
心一次次凌乱

此刻，天空忧郁，思念成河
那落在大江上的雨
是我不经意间滑落的泪

第三辑

# 策马千山万水

一盏茶，一杯酒，一支笔
还有流淌自笔尖的一首首诗
此时，不写红尘的纷扰
不写寻常的巷陌
只借此间的一抹抹青绿
铺就十方山河

## 红枫古道

文成的山间
醉得让人猝不及防
我在秋的漫天注解中
看山林频频换装

三千多棵古枫
错落相迎
溪水与鸟儿浅唱，引导我
探寻先贤曾经的足迹

那零落在空中的红叶
定是诚意伯赐给人间的书签
一拨，一拨
舞向大地的诗笺

古道蜿蜒
思绪流淌。我在人间品味
惯看一场叶雨
把铅华洗尽

火红的叶，即便
离开了高处

也要聚拢在根的周围
生死相依

# 国清寂景

带着一种执念
去三月的天台山，云中访仙
山中问道

没承想，山海间的一场奔赴
一座隋代古寺
在我的绿野仙踪里若隐若现
寂静时空里，大片油菜花以金黄的笔触
向我蔓延而来

烟云起处，千年时光
凝固成了一个瞬间
我在一株隋梅前，细细打量
那一瓣瓣心香
何以惊艳了世人千年

是为黄墙黛瓦间的
空灵、幽远
还是折服于寒山、拾得
洗净尘埃后的步履
抑或是国清寺晨钟暮鼓里的悟禅

往事并不如烟
何须一次次深陷在名利的泥淖
此刻，手执泛黄的经卷
触摸心的柔软处，我该如何折叠
身后这熙熙攘攘的人间

# 天台秘境

循着唐诗之路
踏入天台山腹地。放慢脚步
自有一种惊艳、一份惊喜
起自眉宇，落在心头

漫山的植被是一把巨型的筛子
筛落了一地光影
这光束里，或有一条时光隧道
在琼台仙谷里、石梁飞瀑前
与神交了一世的李白、苏轼、徐霞客
来一次心灵邂逅

学着隐士的模样
在山中筑一处茅庐小住
一盏茶，一杯酒，一支笔
还有流淌自笔尖的一首首诗
此时，不写红尘的纷扰
不写寻常的巷陌
只借此间的一抹抹青绿
铺就十方山河

从此，习惯了与纤云对话

和山鸟、溪流欢唱
来时匆匆，离时不舍
只身诗意栖居的天台秘境
心，只剩下了温柔

# 台州府城墙

山岚缭绕，眉眼盈盈处
一条灰黑色的巨龙
在我的惊叹声中
从苍翠的山林向着灵江
蜿蜒而去

这是我曾于梦中
一次次抵达的那片山海
这是中华儿女用血与火、悲与壮
淬炼而就的江南长城

斜倚在墙垛上
不见烽烟，不见冰冷的甲胄
只有彩霞丝绸般地
铺满记忆的天空

那攀附在城墙上的青苔
暗淡了刀光剑影
而斑驳的城砖
分明藏着一个王朝远去的记忆

那些年，东南千里海疆

面对蜂拥而入的倭寇
戚继光，向海拔剑
发出一声声震天怒吼
把大明风华和华夏的气质
永远地镌刻在了历史的长卷

山是脊梁，城是骨骼
千年的守望，值得一世的回眸

今天，手抚城砖
我无以为歌
只以一个诗人的笔触
把一群衔着橄榄枝的和平鸽
放飞在故乡的天空

# 大陈岛海韵

渔帆点点，鸥鸣声声
我在大陈岛的灯塔之侧，悄问
是谁把一颗璀璨明珠
遗落在了东海之上

六十多年前，几百名当代愚公
踏上了大陈岛
开始了一段传奇的垦荒之旅
从此，蓝与绿、诗与画
描摹出此间最真的底色

如果可以择一处地方洗涤心灵
我愿于甲午岩畔
看蓝色潮汐，在礁石与礁石之间
撞出千朵莲花
甚至，可以躺在月亮湾的怀抱
捡一枚贝壳收藏
当作我青春的记忆

我在暮色中静静地伫立着
你看，此刻的大陈岛
多像一位等待游子归来的母亲

目光里满是殷殷期盼

那些随灵感一起迸发的诗意
是她肩上最结实的扁担
一头挑起日落
一头，挑起了日出

# 烟火紫阳街

是谁在紫阳街的坊墙之上涂鸦
勾勒光阴的模样

熙攘的人群中
我是一位时空的穿越者
为一帧梦中的清明上河图，探寻
古街的前世与今生

走入一场宋时的雨
雨珠，轻叩在青石巷道
一把把油纸伞掩住了攒动的人头
或许这伞下
紫阳真人正悄悄地走过

流光作笔
千年后的今天
斑驳的门窗上，千年的佛井旁
满是岁月吻过的印痕

一张张陌生的脸
穿梭在茶坊、酒肆。商贩的吆喝声
和行人的四海方言交织着

那自远处弥散而来的海苔饼香
停留了我匆匆的脚步

铅华洗尽
我在生生不息的人间烟火里
看檐下的一盏盏红灯笼
串联古今

# 河图洛书

远古，只是一个时间概念
龙马、神龟背驮着河图洛书
在银河、洛水浮现
向一个注定伟大的民族
献图

这镶嵌着神秘图案的宇宙魔方
十数八方
戴九履一
蕴藏着阴阳五行
天地之象

从三皇五帝到殷商、秦汉
再到唐宋明清
满载文明的车辆
滚滚向前。一个个英雄
在天下之中逐鹿

文明与苦难总是如影随形
汗水和硕果，一一结对而行
火药，璀璨了历史的天空
神舟，远渡苍穹

今天，一个崭新的中国正昂首阔步

图出河洛
火树银花里，猎猎红旗中
我千百次地回眸
回眸远去的青铜岁月，和
带着光芒的一册册简牍

# 龙门石窟

每一次远行
都是一次心灵的洗涤

伊河两岸，龙门山中
看万佛朝宗
聆听岁月的每一声低语
此刻，伊河向前
烟云朝后

细数那万尊佛像
你一定可以触摸到
一个个王朝跳动的脉搏
是传奇的北魏
或是花舞的大唐

相似的天空下
梵音绕耳
曾经的驿道而今何处
只有这滚滚车轮
淹没了哒哒的马蹄

千年的等待

只为与你此刻的相见
祥云之上，卢舍那大佛
那抹定格在时空的微笑，唤醒了
一些沉睡的灵魂

## 白居易与香山寺

翻开历史的卷轴
太和三年
一位年近六旬的老人
一袭青衫，一匹白马
缓行在河洛道上

离开心念的朝堂
隐居香山
和卢舍那大佛对视
一十八个春秋，禅定虚空
独与天地精神往来

在此沉淀时光
手执黑白
一壶老酒，咏吟天地
明月也通诗意，一次次将白玉盘
悬挂在香山寺的飞檐之上

千年之后
我在一方方碑刻前
探寻乐天的诗文
任晨钟暮鼓、蝉鸣鸟啼
划破寂静的天空

# 二里头遗址

昨夜一梦
金戈铁马，花开洛阳

二里头遗址上
考古，六十年如一日
叩开一座沉睡数千年的都城
寻找最初的中国

一次次地探寻夏墟
只为揭开一个王朝的文明密码
那每一件散落的陶器背后
都隐藏着
一段尘封的往事

流沙之下
是消失在岁月里的朱漆大门
展露眼前的一颗颗绿松石
渐渐清晰了
大禹治水的身影

十三个王朝在此更迭
刀光剑影

暗淡了历史的天空
农耕牧马厚重了
一册册书写文明的典籍

逐鹿中原的号角声
已然远去
可记忆的闸门一经打开
那无边的新绿
自花开的洛阳，铺向天涯

# 最美的天际线

落日如约
倾斜在苍茫远山

站在洛邑古城的宫阙之下
抬眼望天，一道道飞檐翘角
直刺如血的残阳

此刻，山河静默
列队在飞檐上的上古神兽
以少有的姿态俯瞰着人间

我们不得而知
曾有几多阵痛
横亘在诸神的黄昏

苦难，似乎没有终点
从五胡乱华到崖山海战
从甲午之殇，到列强铁蹄的蹂躏

烽烟到处，神兽滴血
那一滴滴替古人落下的泪水
汇成了天外银河

偶有远风呼啸而过
是泰山封禅时的山呼万岁，还是
洛阳月夜的万户捣衣之声？

千年后的黄昏，我
站在红旗飘扬的城楼之上，看彩霞
丝绸般地铺满记忆的天空

那际会在时代涛声中的飞檐翘角
是我眼里
最美的天际线

# 打龙井村走过

打三月的江南走过
狮峰山下那十八棵茶树叶脉翠绿
芽头上，鲜活欲滴的露珠
晶莹了我的双眸

在一口高温的铁锅前驻足
一场人与茶叶的太极拳正在上演
手不离茶，茶不离手
掌起处，碧叶纷飞

一抓一抖，舒展了叶的脉络
一压一磨，厚重了茶的底蕴
行云流水间，一枚枚久负盛名的叶子
开始脱胎换骨

而那些关于海上丝绸之路的记忆
在我的脑海顿时鲜活
泡一杯西湖龙井
在袅袅茶香里，看盛世乾坤

## 满枝澄黄，写意玉环之秋

四月的玉环
满目葱茏
站在垄上，看柚子花怒放着
追赶春的脚步
那朵朵花瓣的纯白和金蕊
落在我的双眸

七个月的蛰伏
一粒粒的小青果
在阳光和雨露的滋润下
搭上开往秋天的列车
在季节的更替里
换装、蜕变

及至十月，天空
蓝得只剩下了联想
不知是谁，手握诗情的画笔
用澄黄写意丰收
把一串串扁圆的玉球
缀满枝头

无论如何，一生里

总有些属于自己的高光时刻

心驰往远方的旅途上

打开沁人的柚香

和丝丝酸甜

直抒人间的灿烂

# 西塘记忆

走过烟雨长廊
投入西塘的暮色
五福桥上
我用双眸
打开一幅江南的画轴
是谁把夕阳洒在胥塘河上
白墙黑瓦对着水波顾影自怜
漫天云霞于高处窥伺着
被人间的觥筹交错声灌醉
凡心暗涌
错把河水沏成一杯红茶
一串串红灯笼
张扬在暮色
悄把唐风宋韵
拉得悠长悠长
今夜，我的记忆在此搁浅

# 在安吉，遇见一场初冬的神话

褪去夏日的喧嚣
安吉的初冬
在微寒的风中莲步轻摇

那舞动的面纱里
浅藏着娇好的面容
俨然一位美丽而又矜持的公主
流落在山林

又如一个调皮的精灵
借旋动的风
卷起千万片金黄的落叶
紧贴你的脚边撒娇

山涧里、树梢上、小路边
她挥舞神笔，以五彩斑斓的水墨
在大地的宣纸上尽情释放
这个季节所有的美好

如果用耳倾听
你一定可以听见脚下的这片土地
隐着千万颗驿动的心

集聚力量，待把绿色撑满
来春的长空

# 雪落安吉

独立皑皑竹海
四顾茫然。是谁
在天幕把成片的鹅毛抖落
匿了蔚蓝踪影
白了青山发梢

远眺，烟云在山与山的缝隙处
流淌。我知道这是今冬
落在安吉的第一场雪
只是不识谁有如此神来之笔
让流动的绿色海洋
顿成凝固的万千琼枝

或许，这纷扬的雪
也需要一个合适的舞台
在平原，在城市，少了几分仙气
而在安吉的山中，却尽显
山的豪迈

抑或，是心已荒芜得太久
此刻，我聆听着大山的脉搏
感受一场雪的祥瑞和晶莹

打开双手拥抱，任六角小花
落满我的双手

## 在安吉，竹是一种精神的象征

踏入绿色的海洋
我常常惊叹
那一竿竿挺拔向天的竹
似乎总有一股不竭的力量

身躯被埋在泥土
却不夺向上的志向

无论霜雪欺凌
终不改四季常青的本色

你看，当百花千红万紫时
它却独树一帜
用自己的方式书写诗画传奇

抵近幽深处，只呼吸的间隙
我感受到了隐秘的时空
早有一颗心在萌动

# 在曹州牡丹里

推开春的帷幕
从曹州走过
我在一瓣瓣的姹紫嫣红里细细打量
这来自盛唐的天香国色

一千三百年前，姗姗来迟
遭女皇怒贬的牡丹
此刻，用三千笑靥在齐鲁大地
奏响盛世芳华

俯下身子
我在千年的长河里细寻
是什么让我千百次地回眸
让我的泪花闪烁着幸福

你看，那碧绿的叶脉上
舒展着华夏的每一寸山河
还有那锦簇花团和万千仪态
演绎着一个民族的华贵、明艳和端庄

一顾倾城
再顾，便是一生

## 福寿，从大海之南信步而来

那片曾经蛮荒的土地
远在天涯
又近在你我的舆图之上
触手可及

或许历史总在无声处，默默眷顾
绍圣四年，一个有史以来最有趣的灵魂
携着绵绵文脉走进儋州的春天
从此，大海之南，掀起滚滚春潮

春雨润物，九百年的滋养
焕发出琼州大地的青春和活力
松得以龄，鹤可以寿

这个祥云集结的一月
我在南山之巅，频频回眸
与一丛丛灌木、花朵、水稻
还有九万里山河
在最南端的钟声里，漾起了微笑

# 想你的风吹到了鄣吴

三月推开了安吉的大门
这个季节，远山略显苍茫

是拂过的清风
或是蛇行的山路，还有
交替的白色玉兰和紫色辛夷
引导我走近鄣吴

一杯咖啡的浓香
颠覆了我对一个村庄的所有想象
没有预设的农田阡陌
犬吠和牛羊

此刻，想你的风吹到了鄣吴
吹到了街区的中央
走进心念已久的昌硕故居
在吴门四进士的故事里寻思

院外，碑帖和花树相依
远山近水，粉墙黛瓦共绘一个地标
只是不知，春光万里
能否装下一个鄣吴

摊开双手，触摸精神的原乡
我在风中自由地呼吸
细数着迈开的脚步

## 把桐庐山水兑换成清丽的诗行

时间变得缓慢
或许，是对桐庐山水的眷恋
我才一次次地
坠入黄公望的梦中

一篙一舟，行进在
桐江的碧波之上
两岸叠翠的山峦开始和我
亲密对峙。那收藏在陈年旧梦里的
《富春山居图》在我的眼前
顿时鲜活

应该是桐君老人
把这炼丹仙境遗落在了
人间。一路山环水绕
村落若隐若现
流淌着的江水与湿漉漉的空气
交织着。醉了五千年时光

此刻，江水已载不动我的深情
只有云雾忽远忽近
温婉地如同邻家少女

于是，我酝酿着
把所有的惊艳
兑换成清丽的诗行

不远处，惊起的白鹭
扮作了桃源的信使
只匆匆一瞥，那曼妙、灵动的身姿
便划破了你我的天空

# 同里印象

走出退思园的烟雨
在同里的暮色中
打开了一幅江南的油画

此刻，风停了，雨歇了
夕阳尽显妩媚
漫天红霞泼洒在古运河上
白墙黑瓦
暗淡了岁月的浮华

临窗而坐，恍若
在唐风宋韵里饮酒、品茶
觥筹交错中，我们忘记了
当年的美人，不知
花落谁家

# 青原山中

何其有幸
吉安的山水掩埋了忠骨

多么美妙
杨万里吟咏的青原山中
晨钟暮鼓，风吹草动
溪流淙淙，花香鸟鸣
恍若人间仙境

此刻，斗转星移
一轮冰洁的明月，恰好
悬在青原山寺的檐角
人间沧桑，那泛黄的经卷，依然
流淌着千年时光

如今，金戈铁马声
早已远去
大美的吉安，繁花朵朵
竞相绽放

# 和平古镇，换了新颜

清晨，薄雾不约而至
化身殷勤的向导
沿着登山古道拾级而上
迎着东升的旭日
在留仙峰之巅向着东南眺望
薄纱褪处，远方打开了
一幅海市蜃楼的画卷

千山表里，一水中流
三百栋民居于水墨间
若隐若现
烟云掠过青砖黄瓦
飞燕穿梭在雕梁画栋之间
明清的气息插上了翅膀
迎面而来

侧耳聆听
和平书院的琅琅书声
去了远方，卵石巷道上
商贾叫卖声依旧
镇外，一辆辆汽车满载山货
疾驰向美食者的舌尖

一曲摇滚乐里

和平古镇换了新颜

# 从沧浪阁到丞相祠堂

邵武的夜，寂静、幽远
今宵，逢着一个梦里水乡
富屯溪畔，严羽
手持长剑策马而来
在沧浪诗话里慷慨悲歌
始知，沧浪之水可以濯缨

梦里忽闻金戈铁马声声
战鼓劲起
高高的东京城墙上
须发皆白的李纲
于烽烟过处
站成一座伟岸的身影

从沧浪阁，到丞相祠堂
一条慷慨悲歌之路
今天，一座英雄之城
五星红旗猎猎
梦里水乡
苏醒在炊烟四起的黎明

## 在塘栖，探寻运河的前世今生

与清风做伴，撑一叶小舟
向着塘栖古镇扎堆的灯火，踏月而来
此刻，循着历史的脉络
从容向前
探寻一条河流的前世今生

笛声悠扬，打开了我记忆的翅膀
遥想一只只满载钱粮的船
如何穿梭在风流的两宋和花舞的大唐
还有金戈铁马和乐坊里的轻歌曼舞
曾在这江南的舞台轮番上演

一幕幕影像惊艳了时光
那些关于漕运的故事已经远去
独留七孔长桥
默默守候着人世的沧桑
迎来送往

这个春夜，月色温婉
从广济桥下穿过
塘栖的人间烟火顿时鲜活起来
那些属于白昼的黑瓦白墙

已被初上的华灯取代
觥筹交错声回荡在两岸的酒肆茶坊

七孔明月觅得特殊的视角
串联古今
满载一船欢笑，一头是
江南丝竹声里的唐风宋韵
一头是花团锦簇里的盛世华章

今夜，我该如何入梦
不妨以光为笔
蘸一滴塘栖运河的墨
为一条从记忆中流淌而来的河
书写名字，千里京杭

## 梨花，纷扬在原平的诗笺

纵横在晋北的山山水水
解读原隰宽平

一条滹沱河，淘尽了
多少俗世过往
唯有梨花作雪，年年岁岁
纷扬在原平的诗笺

定是才女班昭归来
赋予这片土地无尽的情思
倏忽间，惊艳了
千年的时光

你看，那飘撒的梨花
一瓣又一瓣
即便离开了高处，也要
聚拢在根的周围

一朵梨花，打造一张名片
那些旧日的相思
和所有有关甘甜的记忆
在时代的味蕾上
一一泛滥

## 万里遐征

不舍对华夏山河的挚爱
一个人，一条路
一走就是一生

为圆一个儿时的梦
朝碧海，暮苍梧
他把三十余载的时光
倾泻在了青山绿水

地为床，天做被
十六次出行，从江阴南下桐庐
东向天台，南至湘南、滇西
把沿途的风景汇成了万里遐征

心为墨，行做笔
用脚步丈量名山大川
以热血书写地理人文

探人类未知，溯长江正源
耗毕生心血挥就天地间
最瑰丽的文字——《徐霞客游记》

把一串串深深浅浅的脚印
烙在了九万里山河
身后，树起了一座座
比肩的高峰

# 在马尔康，拨动经年的相思

暂别尘世的三千浮华
怀揣着一个少年的记忆
去往远方朝圣

我在马尔康春的画卷里
看一座座藏羌碉楼散落在群山
那在风中摇曳的经幡
竟让我不辨今夕何夕

拨动经年的相思
一次不经意的回眸，细数
该有多少杜鹃花
才能织就梭磨河两岸的红霞

惬意地躺在绿色的草坡上
任风儿轻抚面颊
在这天堂的一角，感悟
山的隽永，天的辽阔

触手可及的蔚蓝里
幸有白云做伴。做一位山河的信徒
打开心的行囊，寻找多年前

遗落的那份圣洁

待到晚霞退去，璀璨的灯火
沿着狭长的谷地
绵延而来

今夜，和一群寻梦的人手拉手
围着篝火，起舞
此刻，天地只剩了温柔

## 九寨天堂

倘有一种色彩可以让人梦幻
那一定是碧绿和湛蓝

走入九寨沟
我在目不暇接的青蓝里，悄问
谁在阿坝的脸庞上，雕琢出
多情的眉眼

应是王母娘娘酒醉
把一串青蓝的翡翠项链
遗落在了人间

从芦苇海、五花海，到诺日朗瀑布
此间灵动的水和斑斓的光
在我的双眸中
交织出一个个仙女的绝世容颜

我曾用手中的笔
写尽江南春色
却无法描摹九寨天堂，你
一眼千年的惊艳

我该如何把你的万千风情收藏
借得顾恺之的五彩画笔
和横斜在五花海底的史前枯木
拨动心的琴弦

# 黄龙胜境

一颗被红尘纷扰了的心
要沉淀多久
才能在春天绽放

我在黄龙呢喃的清风中
入了瑶池仙境
一个个五彩池和钙华滩流
梯田状串联着
向着云端，向着蓝天蜿蜒

心被放逐
随一条金色巨龙，腾翻在
雪山林海之中

行进在木质的栈道上
看阳光与此间的每一寸土地
每一滴水珠，共舞
闪耀宝石般的光华

黄龙寺侧，俯瞰
是谁打翻了天宫里的调色盘
换得良辰美景如许

我想，定是黄龙真人修仙时
那飘扬的衣袂

想象着再次与你相遇的方式
那时，我定手执五彩画笔
与你一道捕捉
时光里的每一缕温柔

# 惠山茶，千年的滋润

我在苍茫大地
追寻，寻觅五千年来
最有趣的灵魂

谁承想，一个小小的乌台诗案
名满天下的子瞻
便踏上了一贬再贬的旅途
身在儋州的天涯孤旅
不忘惠山泉经年的滋润

记得那年
无锡惠山寺听涛，松间月下
二泉水，小龙团茶
烹出了此后诗词里的满天星辰

诗家不幸，风物幸

惠山泉，喷涌了千年
一位老人曾无数次地来过
一根竹杖，一袭蓑衣
悠游天地，依稀旧时的模样

# 买房阳羡，只道此间溪山好

循着太湖帆影
开始了一次涤心之旅

紫砂壶的故乡
对着子瞻的一纸《阳羡帖》
按图索骥，探寻
宋韵文化最好的样本

是什么让他抛下所有谋算
决意归老林泉？
阳羡买房，是看惯了尘世的冷暖
还是厌倦了宦海沉浮？

走进东坡书院，我在一行行苏词里追逐
心忧天下，何必身在庙堂
你看，此后的黄州惠州儋州，足迹过处
洒下的皆是绵绵文脉

买房阳羡
只道此间溪山好。我在宜兴竹海里
听时光深处的琅琅书声
看万竿新竹一次次撑满长空

# 第四辑

# 惯看秋月春花

待到山雨袭来
那一刻，才幡然醒悟
用物欲和贪婪撑起的天空
灵魂该在何处安放

# 沉重的翅膀

一只蚊子，轻盈地盘旋
在暗夜的幽草和屋角之间搜寻
那执着的触角里
满是对鲜血的渴望

如同那些年里，把目光瞄向
瘦肉精、地沟油和苏丹红的硕鼠
双眸中闪烁着
金钱的光芒

一口又一口地吮吸，直至
干瘪的肚皮灌满鲜红的琼浆
浑然不知
贪婪沉重了翅膀

待到山雨袭来
那一刻，才幡然醒悟
用物欲和贪婪撑起的天空
灵魂该在何处安放

# 我在风中掂量生命的质量

我把一串串脚印
遗落在了苍茫雪地
如同一枚枚的异形印章
深深浅浅
向着神往的春天
延伸

北风一波又一波
掠过山冈
借用沿途的树枝
打着呼哨。这个冬天
在风的俏皮中
突如其来

伫立风中
我掂量着生命的质量
唯见，南归的雁群
默默做着注解
用娴熟的人字阵
划破长空

## 夜雨敲窗

对他来说，谦卑
早就铭刻在骨
为此，他常无数次抵达
如诗的远方

而我还在唐时的明月里
沉醉。何曾想
那无视天空的鸟儿
可会折断飞翔的翅膀

这个被闪电撕裂的夜
檐外的雨和竹叶
轮番敲打着夜窗
灯下，我手捧那本历史的典籍
却忘了书已泛黄

# 谋　者

不闻车马的喧嚣
两座城池隔着楚河汉界，对峙

风暴一次次无声地酝酿
阴谋、阳谋竞相上演

勇者，气吞山河
谋者，胸藏沟壑

向着对方的阵地搏杀
风云突变只在一瞬
时间，是唯一的裁判

勇者，畅想着一招毙敌
却在一次次冲锋后
损兵折将

而胜利似乎更青睐于谋者
徐徐落子中，天平开始倾斜

# 钧瓷一片越千年

为一抹星空之色
昨夜一梦，穿越了千年

想象着该是怎样的一种泥土
可以涅槃，蜕变
在火中淬炼出一个唐宋的传奇

入窑一色，出窑万彩
七十二般魔术的窑变
一瓣瓣海棠红、朱砂红、鸡血红
封存在了一盏之内

那闪烁的紫蓝斑纹
把一个瑰宝的名字烙在了人间
从此，每一件钧瓷
都书写着华夏的智慧

不知该如何赞美她的惊艳
今夜，独在一把宋钧茶盏里感悟
感悟每一片相思的形状
不尽相同

# 月季花语

清晨推窗，有一种惊艳
从窗台向着篱笆次第延伸

一朵朵或红紫或明黄的月季花
盛开在五月的信笺
一时多少花语，袭上心头

三年的风雨，一夜之间
匿去了身影。此刻
没有什么可以凌乱一颗茁壮的心
只有这月季花的明艳
亮了我的双眸

这么多年，这些月季
第一次向我吐露芬芳
我也第一次凝神在自由的空气
看花的雍容与平凡
不屈和贞洁如何交织在时空

饱尝了四季冷暖的
是悠远的花香。或许
每一个生命都会自带光芒和力量

你看，每一朵怒放的月季花
都是绽露在人世的笑脸

站在岁月的调色板上
收藏心香一瓣
从此，生活的底色不再是孤单

# 独钓寒江

走出都市的喧嚣
独钓寒江
与流水相伴

蓝天白云下
一竿一人
和一条鱼儿拉锯

此刻，把过往的委屈一一碾碎
多少疲惫
被我远远地抛向了身后

暂把梦想封存
于萧瑟处，享受一番
主宰一方天地的乐趣

山河忽已冬。恍悟
红尘中的纷扰，不过是
一群人的寂寞

# 一道电光，划出青春的乐章

风在舞蹈，水在吟唱
星空之下，是谁施展妙手
在浩渺的夜空
亮起万家灯火

树巨大的风扇于山间、海边
三叶扇片轻轻旋出了
你我的清浅时光

城市上空，千里沃野之上
一座座直插云霄的铁塔
竖起了五线谱，向着一山又一山

殷勤的飞鸟，是光明的音符
你看，一个个忙碌的身影
在电线杆上起起落落
挥洒汗水，谱写青春的乐章

如果时光可以穿梭
诗圣杜甫一定会生出感慨
该如何把万家灯火里的安详
移植到花舞的大唐

# 暮 春

清风无声
潜过了一座座山峦

溪水喧哗
漫过了一滩又一滩

鸟雀不知春将去
兀自林间寻欢

只剩一地的落花
在大地的怀抱
欲说，无言

# 螃蟹的思维

作为一种饕餮美食
其鲜始于巴解

栖居水下，此前
不知虚掷了多少光阴

自从一跃餐桌，它
把横行当作了一种习惯

独自身陷竹篓
面对危局，姑且从容应对

待到蜂拥而至
一只又一只，极力拖拽

在它最后的舞台上
演绎终局思维

## 初夏的荷塘

一朵莲花
站在水塘的中央
初夏，在粉红的微笑里
悄悄打量

知了躲在不远处的树上
开会、商量
计划在热浪来临前
把冲锋号吹响

青蛙躁动着
在荷塘里鼓起两腮
吹着泡泡
一边玩耍，一边高歌

只有蜻蜓是个勤劳的孩子
它变着魔术
一架架小飞机
落在尖尖的小荷

# 这个四月没有烟花

微风吹拂着四月的春色，而我
却无法外出踏青，无法看到
更多的蝴蝶和花朵

甚至，这个曾经熙攘的城市夜晚
没有烟花，也
没有焰火

长街空旷
杨柳婀娜
天空，有鸟，不断飞过
坐在这寂静的人间
我独自彷徨、蹉跎

# 依然徘徊

窗外，春色拥挤
花朵盛开
那些带着露珠儿的蔬菜
从远方，逆袭而来

我在窗内向外招手
希望那些黄瓜、竹笋、油菜
立刻到我的餐桌上来

可是，一道无形的墙
正在把春风隔开
那些正在失去水分的果蔬
依然在墙外
徘徊

# 银杏，醉了时光，艳了山河

冲破树皮的束缚
银杏，以千万片扇形
向世人展示她的特立独行

整整一个春夏，不与花草争宠
只凭一身璀璨华叶和绵长的生命力
醉了时光，艳了山河

那一把把彩扇书写着第一秋色的美名
火黄的叶，即使离开了高处
也要在根的周围生死相依

不知该如何去赞美她的出场和谢幕
只在最后一场秋风里
捡一枚用作了书签

今夜，我在一把宋盏里感悟
感悟每一片相思的形状
不尽相同

# 芦苇，高举诗情的画笔

决不一枝独秀
一簇簇相拥，临水而居
根在地下紧密相连
为装点水的梦境
绿叶丛蔽

穷尽一生的时光
以竹为楷模
枝干学会了拔节而上
甘守春夏里的寂寞
在繁华过处绚丽

不以生命卑微
哪怕暮年
也要高举漫天银白
在酣畅中虚构一场雪
辽阔天际

蒹葭苍苍，随波千里
江水涌动的节拍中
一支支饱蘸诗情的画笔
摇曳在风中
为人间绘得无限遐思

## 生命的高度

它的幼年非常渺小
渺小得只是一滴雨水
为了一个使命，跋涉千里
终于陡峭处
丰盈成伟岸的身躯

无心沿途的风景
汲取天地灵气
只为练就一双慧眼
从此，它的世界里没有高低
不同的，只是角度

千里奔袭，在流光里
流淌出生命的高度
哪怕碎骨粉身
也要将岩石和大地的缝隙
一一缝补

# 绿色，在瀛洲春晓里涂向远方

游龙万里，口衔一颗明珠
不舍昼夜，把毕生经营的绿洲
定格在了海尾江头
从此，东风有了驻足的营地

不断聚积力量，冲刷冬的残痕
春潮，闻风而动
卷起一堆堆的雪，轻吻滩涂
目送芦芽吐绿

春的身躯开始丰盈
那遮不住的万千情思
化作了一支支饱蘸诗意的画笔
把绿色一寸寸地涂向远方

一艘艘航船离开锚地
汽笛声声，吹响了进发的号角
山河敞开怀抱，农人的俚语
迎着瀛洲的晨露

还有那些沉睡了一冬的梦想
在这个清晨泛滥

向着江南腹地迈开了
追逐的脚步

# 日出尼山

透过薄薄的宣纸
站在尼山观川亭前
我用双眸
打开一幅如诗的画卷

眺望仲尼的故乡
千岩万壑从薄雾中醒来
倾听来自我的问候
旭日不甘寂寞，穿云破雾
用一张渐红的脸
与我凝望

松涛声里，徐来的清风
把我摇曳成画中一景
唯剩心在彷徨

伫立良久
我把一段遥远的记忆
轻糅进我的笔下
我的诗行

# 爆竹吟

这是一条小小的纸捻
肚中积蓄着力量
红色的容颜下深藏着
一颗火热的心
无数个寂寥的日子
它默默地等待
等待生命里属于它的绚烂

不在乎是否碎骨粉身
不去想生命如何地短暂
只要给点星火
就报以一片璀璨

山河不老，岁月悠长
此刻，上栗这片红色的土地
正以爆竹的声声鸣唱
给千门万户
捎去久违的清欢

# 霜　夜

又是西风瑟瑟，
无边的落叶，
告别向晚的落霞，
在悲秋里失魂落魄，
零落成泥。
寒江上弥漫的水雾，
无声地潜入夜的静谧，
在寒鸦声声凄鸣的夜里，
凝露为霜。
今夜万籁俱寂，月白霜清
寺院的钟声在远处划破了
夜的宁静，恍若是
感叹世事的无常，唯有
光阴是一辆穿梭于四季的列车
它满载一车星辉
带着草木的嘱托，
笑迎下一次的凤凰涅槃。

## 在赤水河畔，勾勒诗和远方

去年元夜，梦回大唐
着一袭青衫，佩一支长剑
策马西向

在东都洛阳的一家酒肆
与李杜相遇
斗酒间，已是诗百篇

一梦醒来，无限怅然

千年后的这个秋天
我在赤水河畔
与一株株红缨子高粱擦出火花
一时浮想联翩

还是俯下身子吧
打捞一枚枚温润、香醇的词语
邀得千年前，三人对酌的那壶浊酒
勾勒我的诗和远方

## 雨中的顿悟

前世，隐匿在记忆的尽头
来生总是遥不可及

为了今生一个华丽的转身
我在雨中踟蹰了许久

流浪今生
即便被荆棘刺个遍体鳞伤
仍孤勇前行

心的一隅，我常这样抚慰自己
能伤害你的
从来不是别人的无情

挥一挥手
作别心中的执念

学会了做海中畅游的一条鱼
哪怕只拥有
这世间七秒的记忆

# 谁卡住了青春的咽喉

是谁卡住了青春的咽喉
虚拟世界里的搏杀
周遭的一切，再无足轻重

那些个年方弱冠的青年
一面屏幕，一个鼠标，一瓶可乐
成了他青春的全部

没有硝烟的战场上
熬夜厮杀。亲情已成羁绊
甚至，睡眠的时间
也可一再地压缩

这通往黎明的列车
昨夜的汽笛声呼啸而过，留在身后的
只是一串长长的问号

我在夜的栅栏内思索
一个人该有多么地决绝
才能在铁与钢之间，横亘出
千年的冰雪

那胜过鸦片的毒
在夜里，势成脱缰的马
一路狂奔

## 我的世界只有平视

也许是在低处久了
开始习惯了对高处的仰视

远处的飞鸟、山峦、蓝天
于我来说，无一不是遥不可及
唯剩心儿尚可梦中飞翔

抑或是长享高处的荣耀
居高临下的俯瞰
已成生活里的一种常态

那些熟悉的人、事，还有故乡
似乎都可不屑一顾
却忘了自己也曾从低处而来

这个满是烟雨的午后
独坐临湖的茶坊，倚窗凭栏
对着一湖青莲，回放往事

清风拂处，不可方物
蓦然发现，作为一朵花的形象

她何以如此美丽

从此，我的世界里只有平视

第五辑

# 云中谁寄锦书

抖落岁月的尘埃，我知道你已成今生不容错过的唯一。那朵火红的玫瑰在心的一隅，历久弥新。

## 青石巷道

江南六月，烟雨如幕
古镇的繁华
在青石巷道两侧
渐次隐退

油纸伞下
不见去年的身影
空留一曲横笛，在我的天空
写满了忧郁

雨巷，石槽内
那株并蒂莲花依旧
而记忆里的鞋跟
不知敲打着何处的巷道

多想等一场旧时的风
旋出满地落叶
绊住你
匆匆的旅步

## 我从沈园而来

不知谁在高处
把漫天鹅毛撒落
白了青山，白了你我

应是八百年前许下的一愿
执子手，共白头

你看，那一片片六角小花
用晶莹释放相思
在苍茫大地写满誓言

我从沈园而来
在人间
落一场今世的雪

# 穿越时空的爱恋

昨夜，梦回大唐
悠长的时光隧道里
化身诗人崔护
一袭青衫，一匹骏马
驰向长安城外的南庄

小院里，桃花依旧
曾经明眸的姑娘，形容憔悴
书桌上，一沓桃红信笺
写满了哀怨和惆怅

一个无心的错误
一梦就是千年
门环上的斑斑锈迹
诉说着红烛也曾历经的忧伤

牵手归途，春风开始沉醉
耳畔，一曲《我和我的祖国》响彻
把往事揉碎，人面、桃花
绽放在我的诗行

# 你是不容错过的唯一

你是否知道有一种等待
叫作沧桑。菩提树下
我用前世的缠绵
修来你我今生的重逢

多少次，时光的橡皮擦挥舞着
试图抹去岁月的年轮
千帆过尽，却不曾擦拭掉
这爱的印痕

为把思念盘踞在心
我用千壶浊酒，时时浇灌
醒又醉，醉复醒
只为等待你一个期许的眼神

抖落岁月的尘埃
我知道你已成
今生不容错过的唯一
那朵火红的玫瑰
在心的一隅，历久弥新

# 寻梦江南

又是一个黄梅雨季来临
心迷失在烟雨江南
我不由得惆怅、彷徨

总以为选择了远方
便只顾风雨兼程
而如今，是什么使得
前方的路如此泥泞

前世的缘
是否能在今生重续
今生的情，可否
值得来世千百次地守望

湖面的烟雨正迷蒙
心路的小溪却更绵长
我的目光投向青翠的山岭
一行多姿的白鹭直上云霄
向着更远的远方
恣意翱翔

# 今夜的月河

大地苍茫
对着记忆的天空
你的影像
在我脑海渐渐清晰

这个无雪的冬季，孤寂而又漫长
我在一堆篝火前
摊开双手
感知着人世的冷暖

多少芳华在指间流逝
无心诉说别后的千疮百孔
只剩流光
暗淡了我的双眸

菩提树下，一梦
我想，终有一个月圆的夜
一位须发皆白的老人手牵红线
为我指点迷津

因为，我把前世的约定
今生的姻缘

写在了旧日的信笺。你看
今夜的月河，铺满了去年的光华
为一个不变的期许
我从此岸涉水而来

## 桃叶渡

定是忘川河畔的那缕执念
三生石上，从此
刻下了你我的姻缘

桃花绯红了千年
乌衣巷口，桃叶渡旁
我苦苦地守候

时空似可穿梭
却忘了这世上最远的距离
是心与心的丈量

待到杏雨纷飞
用前世仅有的一次回眸
许你我一世痴缠

我默默守候，旧日的桃叶渡口
你的一滴眼泪
便囚禁了我的一生

# 月老山

自别后
大地归于沉寂

你可知，没有你的日子
我的生活
已然千疮百孔

向东，向南
向着一座曾于梦中抵达的山
虔诚而行

如果这世间
有一味叫作后悔的灵药
我愿把最后的温柔
嵌入了你的双眸

流浪的路上
牵动一根红线
我知道，今生的遇见
皆因前世的
一次相欠

## 又见蒲公英

昨夜，月光如水
丝绸般地流淌在思念的河流

野花漫过了旧日的山坡
那含着露珠的花蕾
娇羞得一如童年
追逐中，你银铃般的笑声
在我的耳际回荡

一条路走了多年
不见一马平川
我知道，迷途尚可知返
心若远离，何处
才是青梅竹马的原乡

于是，我用万千情思点缀蒲公英
飞扬在你必经的路旁

青山，何曾老去
这漫游在蔚蓝里的银白花絮，朵朵
都是我今生的期盼

## 诗经，千年之恋

策马中原
在商周的历史遗存里探寻
看一支如椽巨笔，勾勒生生不息
男耕女织、刀耕火种的文明

三千年前，究竟是一种怎样的文字载体
可以点亮人间，抚慰世人千年

此刻，手捧一册《诗经》
于浩瀚中抽丝剥茧

伐木作舟
抵达淇水的彼岸，执子之手
把人类永恒的主题
记录在了《诗经》的扉页

穿越三千年时光，因为爱情
龙的传人开枝散叶在华夏大地
繁衍生息

走出了泛黄的册页
奔赴一场千年之恋，放你的真心
在我的手心

## 泸沽湖畔

那一泓瓦蓝的湖
多像你凝望的双眸

那年，人群中的匆匆一瞥
一颗种子便在心田
生根，发芽

千百次地寻觅
千百次地双向奔赴

许是前缘注定，今夜
依偎在泸沽湖温婉的月色里
轻抚双肩，许你我
一世温柔

第六辑

# 此情家国天下

烽烟过处
破碎的山河，抹上了
新的血色
倒下的英灵
留下了最后的怒吼

# 一片冰心自小荷

在诚斋诗话里
我步入朝堂，旁听
帝王和臣子的喧嚣

烽烟过处
破碎的山河，抹上了
新的血色
倒下的英灵
留下了最后的怒吼

人间静默
我竟然，无以为歌
梦中的蜻蜓，遗落在
尖尖的小荷

## 宣纸上的河山

是谁当空播撒的雪花
绽放着无尽的芳华

是谁在大地铺就一张宣纸
泼墨成一幅神话

凌寒而上
一群先行者向死而生
在起伏的山峦间奋勇攀登

风雪肆虐
荆棘布满了漫长的征程

歌声嘹亮
向着圣地翻山越岭

他们在大地的宣纸上
书写着忠诚

# 有一种力量，叫作知行合一

——读《王阳明传》有感

从满柜的书籍前走过
五百年前，究竟有没有一束光
一种力量，可以
照亮人间，抚慰世人

打开泛黄的册页
端坐在历史的云端俯瞰

大明正德三年，从庙堂到江湖
一切都无足轻重
那驰奔在天地的云涛和疾风
只为一人一地演绎

是谁少游居庸三关
始怀经略四方之志？龙场驿
何其有幸，迎来了主角王守仁
也注定被写入历史的春天

忘却了廷杖的奇耻
也不再咀嚼过往所有的苦难
潜心格物，龙场悟道，于天地间

探寻知行合一的强大力量

从此，一颗璀璨的明星
在帝国的版图上屡戡战乱，家国天下
为飘摇在风雨中的社稷
撑起一把巨伞

五百年后，徜徉在心学的世界
心从未如此通透
此刻，清风无事
代我翻开了一页又一页

# 回眸处，春满神州

大地静默
只待一犁春雨

那年春天
一位老人，在南国的海边
抚摸着惊涛骇浪和历史的画卷
发出了苍劲的呐喊

顷刻间，春潮涌动
冰雪消融
山川吐绿，神州欢腾
刚刚下线的红色航船
拉响了雄壮的汽笛
斩破了万顷墨色的波澜

一切都在改变
道路、生态、色彩、航线
阳光下
涌动着一张张幸福的笑脸

弹指一挥
又是一个别样的春天

站在新世纪的起点
我浮想联翩
几枚幸福的泪花儿
滴入了岁月的繁华

# 看满江红遍

撑一把油纸伞
打从苏堤的春天走过
迷离烟雨，洗去了几多沧桑
涤尽了多少苦难
山河表里，只有春风如故

是谁让你名扬天下
无边的春色，独你三千锦绣
我在三台山麓、栖霞岭前
荔枝峰下，听松涛如泣如诉

那松柏的长青里
张苍水、于岳二少保
容颜依旧
此刻，独上六和塔
看满江红遍

# 铁马冰河杨万里

梦中独醒
把一把老泪，洒进风中，而后
身披月光，策马西行
哒哒的马蹄
踏破了长夜的宁静

大地苍茫
遍布着荆棘、犬吠
国恨家仇今犹在
壮志难酬梦凋零

乡野独居
看千根新竹一次次挤破长空
灯下执笔
书万匹铁马跃过冰河
疆场驰骋

风吹草动
清贫不失报国之志
江山梦影
醉卧青山仍思尽忠

# 一湖青莲，书写着伟岸

一支竹篙，一叶兰舟
循范公堤旧迹向金沙湖漫溯

此刻，先于清风抵达的是一湖青莲
那向阳的莲叶和莲花里
文正公的足迹
已隐入历史的烟云

西望岳阳楼，千里之外
一道道斜阳穿云而来
一朵莲花前，我仔细端详
竟不识旧时的容颜

不蔓不枝，风雨不改亮节
中通外直，高风名动天下
小荷上，一只蜻蜓向我娓娓道来
香远益清，赢得万世景仰

兰舟进发，远观间
一行行关于忧乐的文字
写满了字里行间。我明白了她何以
作为一朵花的形象

## 瞻仰关天培祠感怀

走过了百年沧桑
一座关忠节祠
伫立在淮水之南
默默地
迎来送往

虎门的烽烟散去
破碎山河
留下了仲因最后的怒吼
问苍茫大地
谁坏了六载金汤

史河无声
只有少穆的手书
三十八字门联
曾于大清的最后一抹夕阳里
诉说着英雄的悲壮

一个康乾盛世，和
青花瓷的繁华
在列强的窥伺下
在帝国一个个不平等条约里

匆匆卸妆

注：关天培，字仲因；林则徐，字少穆。

# 在安阳，捡拾殷商的记忆

安阳殷墟，我俯下身子
向着沉睡了三千年的土地

该是一种怎样的文字
能称作世界的记忆
那一片片穿透时光的龟甲，究竟
散落着多少殷商的往事

中华文明的厚重何须质疑
一次不经意的捡拾
一个凭空消失的王朝浮出了水面
15 万片甲骨，一个个蝌蚪般的文字
串联起尘封的历史

从盘庚迁殷，到武丁中兴
到华夏第一位巾帼英雄妇好
率兵征讨，开疆拓土
商朝的天子和重臣们，登上高台
祭祀，占卜，问天
把一个个关于王朝的政事、农事和出征
寄托在了一片小小的龟甲

今天，手抚甲骨，感悟
每一片龟甲的意义，不尽相同
一个王朝的背影在中华复兴的号角声中
渐渐清晰

# 与子同袍

修竹万竿，多像一个屋檐下的兄弟
把三千年的翠绿
撑向了历史的天空

册页泛黄，淇水向前
一路洒下的千年诗韵是留给大地的给养
思想的火花已经擦亮

三千年的风雨，一夜退去
春风化雨。没有什么可以消磨
一个古老民族的意志

今天，我在鹤壁瞭望
看迈步在新时代的九万里河山

天宇之下
小麦腾起了万顷墨色的波澜
羊群游走，化作万朵纯白
点缀着蔚蓝

长夜微澜，黎明总是曙光万丈
那厚重的文脉里，我的祖先早已执笔
写下了“与子同袍”

## 长城，屹立在炊烟四起的黎明

北向而行。站在山海雄关之上
看晚霞丝绸般地铺满记忆的天空
目之所及，是悲与壮
血与火淬炼而成的万里之城

手抚城砖，我在斑驳的影像里
寻找中华儿女千年的眷恋
八千里外，狼烟滚滚。庙堂之上
一场唇枪舌剑正在上演

从赳赳老秦到汉时明月
从五胡乱华的连天号角到抗日的烽烟
它用万里身躯串联古今
把一个民族的气质写入历史长卷

在喜峰口，一把把砍向敌寇的大刀
闪着寒光。平型关前
一场意料之外的大捷，酣畅淋漓了
抗战必胜的第一枪

守护家国已成一种习惯
它的字典里从无伤痛二字

有的只是万里长歌
今夜，当与苍茫远山一起入画
用一个诗人的笔触
升腾起黎明的炊烟，勾勒家的方向

# 春天的脉搏

——致敬王安石

思想，先于脚步抵达
春天也是如此

北宋庆历七年
一个注定带来春天的擎天之柱
一个关于求变图强的构想
扎根在了鄞县大地

知鄞三年，他小试牛刀
东钱湖畔、北仑山区、四明山麓
除葑草、浚湖泥
凿荒山、开良田、兴水利、办公学
从此，幽僻之滨的琅琅书声里
腾起了万顷墨色的波澜

谁能想到
自海隅小县迈出的一小步
在华夏的版图之上
撑起了一把巨伞

几度浮沉，几番争议

怎掩一盏明灯四射的光芒

千年之后，江海之侧
看云兴霞蔚。我在
一曲吟诵伊吕两翁的《浪淘沙令》里
聆听一位先贤跳动的脉搏

# 一抹红色，擎起新的山河

一个世纪的风雨兼程
那艘启航的红船劈波斩浪
从碧水向着深蓝

长梦未央，一位位先行者
在长城内外在血与火中
淬炼红色足迹

那一抹抹鲜红飞渡旧日山河
把一个民族的不屈和抗争
载入史册

那一颗颗丹心跨越历史的沧桑
为华夏的图腾和复兴
甘作基石

岁月无声
一柄斧头抚平了满目疮痍
东风过处，镰刀收割出
信仰的光芒
站在世纪的起点
看红旗猎猎

我幸福的泪花
滴入了人间的繁华

## 大渡河 1935

从瑞金出发的脚步
自带一种豪迈
这世间，再多的荆棘也挡不住
思想上的勇者

一路转战，又是一条大江
横亘在西去北上的途中
十六根铁索高悬在激流之上
乌云之下，是刀削的悬崖

南追北堵，这是一场生与死的较量
前有顽敌，后有追兵
这是一场信仰的博弈
关乎一个民族的未来和国运

谁说正邪对决，只看力量是否悬殊
此刻，依凭智慧和果敢
从安顺场，飞跃泸定桥
一颗颗红色五星闪耀着光芒

向死而生，以血肉之躯
打开北上的通道。前赴后继

无悔今生，这是怎样的一种精神和执念
书写出人类史的奇迹

一粒种子心怀春天，注定了星火燎原
今天，我站在新世纪的起点回眸
你看，大渡河上那铁索的寒光
融进了东方的朝阳

## 野火 1921

原野寂寥
时光暗淡，脱落

一只鸟，正在
隐秘的角落沉睡，或者
为下一次腾飞
养精蓄锐

冷风吹过
那些匍匐在地的
干枯的野草
正在等一粒野火
燎原，完成
最美的舞蹈

# 一个撬动世界的圆点

循着外滩的钟声
抵近时光深处
看一条承载光荣与梦想的河流
沉淀了多少浦东往事

当时代的号角响起
浦江之东的大地开始苏醒
三十余载春风
山河吐绿，人才、资本从四方向此集聚

浦江两岸，一座座高楼追赶着
丈量城市的高度
一艘艘万吨巨轮拉响雄壮的汽笛
向着世界的方向劈波斩浪

霓虹闪烁处，还有
人间第一等的月光洒落在
浦东的街衢巷陌。温婉月色中
涌动着一张张笑脸

今夜，独立江海之侧
凭栏悄问，一个支点何以撬动世界

枕星海入梦，我在发散的航线里
寻觅最初的那个圆点

## 我和我的祖国

总在梦里幻化为一只鲲鹏
扶摇直上。一梦醒来
远方开始蔚蓝

75 年前，天安门城楼上
一位世纪伟人一声庄严的宣告
世界为之一颤
从此，山河如画

振翅逡巡，辽阔的版图上
两条巨龙咆哮着一路向东
天空下，良田万顷，牛羊成群
孩童的嬉戏声
在袅袅炊烟中荡漾

75 年后
我在民族伟大复兴的号角声里
探寻先辈的足迹
看彩霞丝绸般地铺满
记忆的天空

又是一个炊烟四起的黎明

我从五千年的文脉里
掬一捧清泉
今夜，当以一个诗人的笔触
勾勒家的方向

# 乌衣巷

华灯初上，走过乌衣巷
那斑驳的门窗
昭示着岁月的流转

行至灯火阑珊处
依稀可闻历史的一声轻叹
在人群中探寻
曾经的朱漆大门内
有着怎样的影像

公元 316 年
一段被称作衣冠南渡的历史
在这里上演

目睹百万流民
从战火中的洛阳迁徙至此
王导对前来赴宴的中原名士们
正色道“此国家危难之际
大家该辅助王室，收复中原
何必楚囚般对泣？”
如此魏晋风度令众人汗颜

一千多年后的今天
王谢的华堂，无处可寻
旧时的飞燕依稀
穿梭在一个又一个春天

# 在谯郡，听孟德豪迈的一笑

是谁逐鹿中原，把不朽的诗文
和一个时代的风骨
长存在了英雄的土地

走进三国故地谯郡
我在《蒿里行》中寻觅，寻找
一位关东义士的身影

面对满目疮痍的大地
他仰天一声长啸
从此，兴兵讨贼，驰骋南北

多年后，横槊长江之侧
为一统山河，效周公
发出了唯才是举的求贤令

胜时，可把酒言欢
忧时，当以诗明志

时光在炎黄的血脉中穿梭
那流淌自建安的涡水
定是孟德豪迈的一笑，把杯酒洒落

炊烟四起的黎明，还有
千年乐府，在曾经放马的中原
默默做着注解

## 刘基故里

如果时光也有缝隙
我将踏月而来
手抚刘基故里的每一块青砖
聆听时光的低语

那是一个群雄逐鹿的年代
一个令世人击节赞叹的谋略
羽扇挥处
奠定了汉家的山河

江山一统，时光隽永
远方，城市喧嚣
有人卖酒、卖花
此刻，独在这山居院落里
对月沉思

岁月静好
不忘枕戈待旦。擎一盏明灯
还有已镌刻在心的祖训族规
拂去四海尘沙

# 四月的馈赠

时光打盹
踟蹰在李庄的风中
看油菜花以金黄的笔触
描摹记忆的天空

四月的馈赠里
心不知所往
那一树树似曾相识的柳条，频频颔首
撩起我青春的发梢

这些年来，我第一次
在长江第一古镇的青砖灰瓦间
沉思，探寻
一个民族远去的记忆

82 年前，一个只有三千人的小镇
何以成为抗战文化的中心
走过青石板巷
依稀可闻一条巨龙发出的声声怒吼

对着一幕幕泛黄的影像
捡拾往事

是一条纵横万里的河流回应我
如何精工细作
雕刻大地最初的样貌

# 贝加尔湖

一路追逐着北去的风雪
心被尘封的往事刺痛

多年前，我把一颗明珠遗落
独留那泓碧波
在西伯利亚的旷野流浪

春秋几度，长梦阑珊
多少次于梦中逢着那位手持节杖
牧羊北海的大汉使节

千年的寒风呼啸而过
湖畔的羊群和他伟岸的身影
一次次荡漾在我的旧梦

对着辽阔的舆图
心在那片缺失的枫叶里
默默哭泣

众里寻你千百度
北海清冽如昔，瓦蓝依旧
只是不忍，你已成别人的新娘

目光北去
为你，我频频回眸
此刻，身浸润在八千里外的春风
心却在异乡漂泊

# 帕米尔高原

不忍她从我的怀抱别离
一次次期盼着
借得雄鹰一双翅膀
逡巡西北的群山

那里曾遍地野葱
为此，我的母亲给她取名葱岭
因为广袤，称作高原
因为高耸，谓之屋脊

那时，我曾站在葱岭之巅远眺
俯瞰我身后的九万里河山

远嫁他乡的日子
心总隐隐作痛
因为一个皇朝的羸弱
列强的坚船利炮一次次叩开了国门

悠长的岁月里，她终没忘记
母亲叫作华夏
也曾记得有位铁血男儿张骞
西出葱岭，开辟出千年的丝绸之路

更有天之骄子成吉思汗
亲提铁骑，西跨不周山
横扫八荒

一百多年后的今天
我循着高速公路穿越巍巍昆仑
向着西去的故园
我知道那山山翠叶
即便零落，也要在根的周围生死相依

# 库页岛

乘着列车北上
一路辗转
穿越风雪
寻找我记忆中的山河

那里曾是一片蛮荒的土地
两宋与金逐鹿中原之时
我的身体
便融入华夏的血脉

多年后，一纸《北京条约》
我离开了母亲的怀抱，孤悬海外
已是三个甲子

如今，我已成膏腴之地
只是曾经的明眸
不见了昔日的光泽

谁知寄人篱下的滋味
谁又晓一个游子不变的情怀
泪水，已然流干
心却愈加滚烫

重拾一枚旧时的枫叶
春风里，我跳动的脉搏
总向着西南
向着五星红旗升起的方向

## 将星闪耀

山海雄关之上
大明王朝的最后一抹夕阳
红艳了西向的天空

1628 年，一位书生投笔从戎
平台奏对，督师蓟辽
凭坚城、用大炮，构筑关宁锦防线

一败努尔哈赤于宁远
再克皇太极于宁锦前线
千里驰援，拒大清铁骑于北京城下
为飘摇在风雨中的帝国
撑起了一把巨伞

从此，辽东战场胜利的天平
似乎向着大明倾斜

几百年后，我在藤县袁崇焕故里
读一个英雄的碧血丹心
不由一声轻叹：如果一切可以重来
历史，当无遗憾

# 英雄无泪

江河流泪
北风哀号，掀开了历史最为悲惨的一页
谁能料到，赫赫战功不敌
敌人离间一计

崇祯三年，北京西市
一个英雄竟被以这样的方式
以身许国。3248 刀的磔刑
刀刀割向长城的肌肤

无数不明真相的百姓
竟以重金抢食一杯肉羹
引以为荣

英雄无泪，只以一句
“忠魂依旧守辽东”
向他呕心沥血守护着的山河
诀别

从此，一个王朝的丧钟
在夜的帷幕后敲响

一场雨，昏天黑地了 152 年
当天空开始蔚蓝
那些有关袁督师的一曲曲正气歌
遂在晨风中发酵

## 天空，被她撕开了一道口子

——祝贺郑钦文获巴黎奥运会网球女单冠军

甩掉手中的网球拍
躺在罗兰加洛斯中心球场的红土上
一个中国姑娘
向着世界的方向，高举双臂

塔尖之舞
她挥洒青春的汗水
6 天，12 个多小时的鏖战
奏响中国体育最强音

这一次，红土球场的激情
被中国奇迹点燃
这是属于郑钦文的时刻
更是五星红旗飘扬的时刻

这一步，我们走了很久很久
为一个坚定的信念“为国而战”
她硬生生地把世界的天空
撕开了一道口子

# 沙洲上的曙光

第一次，我俯下身子
向着贫瘠了三千年的土地
织梦沙洲

向江图强
用“敢为人先”亮出这片土地
最真的本色。从此
全国首个长江内河港保税区
花落张家港

腾飞的翅膀一经打开
眼中，便只有浩渺长天

江涛经年，人间一瞬
昔日荒僻的小滩涂开始蝶变
一个华夏第三县的曙光
在江头海尾
喷薄而出

## 逐鹿苍穹

踏一朵祥云，衣袂为翅
向着蟾宫，向着月中的桂树
扶摇直上

谁承想，千年一梦
中华儿女们历经了多少曲折和磨难
还有关于蔚蓝的所有畅想

仰望星空，为炼一把飞天的钥匙
从第一面五星红旗升起
我们厚积了一个甲子的时光

那些科学巨匠钱学森、孙家栋们
以空前的智慧叩开苍穹
杨利伟搭乘神舟五号飞船飞渡长空
翟志刚首秀太空，出舱行走
用自己的一小步
迈开了中华民族的一大步
景海鹏、聂海胜打开了
中国空间站时代的大门，飞天远航

一个个熟悉的名字

涌动在航天大家庭里
东方红、天问、嫦娥、神舟、天宫
化作雨后春笋逐鹿苍穹
那一首首有关中国的史诗
开始穿梭星宇
续写华夏新的篇章

插一双腾飞的翅膀
擎倚天利剑
满载一舱星辉
从此，浩渺长天，只管射天狼

# 大国复兴

1979，一个别样的春天来临
三中全会的春风吹遍了神州大地
春雨中，花儿漫过了九万里山河

一万年太久，只争朝夕
四十年的韬光养晦
换来了百花齐放
万众一心的辛勤耕耘
新的山河，硕果累累

千年丝绸之路，乘着东风
从海陆奔向远方
长三角、粤港澳、京津冀都市圈
在世界的瞩目中星光璀璨

逐鹿苍穹
嫦娥五探月球，神舟十上长空
长空上下，歼-20 振翅翱翔
一个民族的千年飞天梦
终于梦圆

海面上，国之重器，不战屈人

一艘艘航母、055 大驱
向着深蓝劈波斩浪
094 战略核潜艇潜行在隐秘的角落
令敌胆寒

更有东风快递，静待闺中
只待射天狼
我在新世纪的起点频频回眸
和平鸽哨中，幸福的泪花
瞬间盈眶

# 跋

## 诗意人生，一路芬芳

从爱好文学，到多年后的文学创作，于我来说绝不是偶然。其间，有着许多我儿时的记忆和漫长的心路历程。

历尽千帆，回忆过往，既有人生的悲欢离合，又有生活的苦辣酸甜。遥忆童年，有整整十年时光，是在故乡南通度过的。都说“少年不识愁滋味”，这十年，是我和祖父朝夕相处的十年，也是无忧无虑、美好而又快乐的十年。我的祖父曹颂康，毕业于南通师范学校，1940 年参加革命，投身抗日救亡运动并加入新四军，曾任新四军苏中军区干部培训学校校务主任。在长期革命生涯中，他和一些老一辈无产阶级革命家、老同志、老战友结下了深厚的友谊。因此，我自幼常常能聆听到新四军纵横江南大地的故事，以及他和一些老战友的诗词唱和。由此，萌生出我对文学的兴趣。

“谈笑有鸿儒，往来无白丁。”祖父离休后的岁月，总有一些离退休老干部和文友来访，一起品茶、饮酒、畅聊诗文。对他们谈论的诗文，我倒是饶有兴致，祖父的老友们也会偶然考考在一旁听得似乎很专注的我，并对我的回答予以表扬和鼓励。那时的我虽似懂非懂，但祖父总是会引导、培养我对文学的兴趣。殊不知这日复一日的耳濡目染和他的谆谆教诲却使我受益一生。我的文学梦想从这里开始起飞，精彩的人生亦从这里扬帆远航。

大学毕业后，我在上海的一家区县电视台任文字、摄影记者，开始了文学写作。这段经历虽只有一年多的时间，却在我心里存下了一个目标。其后的二十多年，一直在外企、民企、上市公司从事营销、营销管理、公司管理工作，因此搁笔。2020 年初夏，带着对已故亲人无尽的思念和对故土的无限眷恋，我重拾文学之笔，去圆一个赤子之梦。

可以说，诗歌是文学皇冠上的那颗最璀璨的明珠。缤纷世界里，万物都在用自己的语言向世界倾诉着情感，花儿用淡淡的花香、鸟儿以欢快的鸣唱，而我们则可以在诗中翱翔，品味历史，写意人生，并一次次抵达梦中的那个远方。诗歌润物无声，多年后，蓦然回首，发现你我的气质里，竟然藏着我们曾经走过的路、读过的诗里。

诗集《策马千山》共收录了我在 2020—2024 年间创作的一百四十余首诗歌，多为已在各类文学期刊发表和全国文学赛事中获奖的作品。此次诗集出版，特别感谢上海市作协研究室主任、《上海作家》主编、文学评论家杨斌华先生在国庆假期中拨冗赐序，这对我不啻为一种莫大的鼓励；同时，感谢上海诗人崖丽娟、丹飞两位老师的不吝赐教；最后还要感谢小红书的读者们对拙作的喜爱和两年来的默默陪伴！

有你，有你们，诗意人生，当一路芬芳！

2024 年 10 月 6 日于上海